Armin Täubner

Von Herzen

Fensterbilder aus Tonkarton

frechverlag

Von Armin Täubner sind im Frech-Verlag zahlreiche andere Titel erschienen:

TOPP 1782

TOPP 1576

TOPP 1540

TOPP 1267

TOPP 1711

TOPP 1195

Fotos: Frech-Verlag GmbH + Co. Druck KG, D-70499 Stuttgart; Birgitt Gutermuth
Zeichnungen und Illustrationen: Armin Täubner

Auflage: 5. 4. 3. 2. 1. | Letzte Zahlen
Jahr: 1998 97 96 95 94 | maßgebend

frechverlag GmbH + Co. Druck KG, D-70499 Stuttgart

ISBN 3-7724-1783-3 · Best.-Nr. 1783

Druck: Frech-Verlag GmbH + Co. Druck KG, D-70499 Stuttgart

Sie wollten schon lange einmal etwas von Herzen sagen? Die richtigen Worte haben gefehlt, weil's irgendwie zu hölzern geklungen hätte? Oder Sie wollen Ihre Herzensbotschaft nicht gerade in einem ausgefeilten Liebesbrief formulieren? Und so direkt im Gespräch, da hat dann doch der Mut gefehlt...?

Dann versuchen Sie doch einmal, Ihr Herzensanliegen mit Fensterbildern an den Mann oder an die Frau zu bringen! Wer kann schon einem kleinen Häschen, einem gemütlichen Dickhäuter oder einem frechen Küken widerstehen, wenn sie ihr Herz verschenken wollen!? Und es schwingt immer ein kleines Lächeln mit, ein vorsichtiges Anklopfen, ob die Herzensbotschaft angekommen ist, ob vielleicht sogar mit einer herzlichen Rückantwort zu rechnen ist...! Falls die Antwort bei Ihnen auch in Form von fröhlichen Fensterbildern landet, dann ist eines sicher:

Es kommt von Herzen!

Bild 1:
Übertragen Sie alle Motivteile ohne Überschneidungen auf Transparent- oder Butterbrotpapier, das Sie anschließend auf einen dünnen Karton kleben.

Bild 2:
Dann werden die Teile ganz exakt mit einer Schere oder einem Cutter ausgeschnitten, das sind Ihre Schablonen. Wenn Sie mit dem Cutter arbeiten, müssen Sie eine Schneideunterlage verwenden.

Bild 3:
Legen Sie die Schablonen auf den Tonkarton der gewünschten Farbe. Die Umrisse werden sorgfältig mit einem feinen Bleistift nachgezogen, dann schneiden Sie die einzelnen Teile aus.

Bild 4:
Zum Schluß stellen Sie Ihr Motiv zusammen – die Vorlage und das Foto geben Ihnen Positionierungshilfen. Ganz nach Herzenslust können Sie Ihr Fensterbild auch noch plustern.

Herzklopfen

Leuchtendes Herz

Malen Sie dem Laternenträger zuerst ein fröhliches Katzengesicht auf; dann wird die orangefarbene Fellzeichnung ergänzt.
Die gelbe Hose und der weiße Kopf werden aneinandergelegt – wenn Sie den grünen Pullover aufkleben, sind die beiden Teile miteinander verbunden. Von hinten bringen Sie die Schuhe und den bemalten Schwanz an. Nun können Sie die Katze und die Herzlaterne auf dem blauen Kartonkreis fixieren, dann sind der Laternenstab und der zweiteilige Arm an der Reihe. Und für Herzen, die so schön leuchten, hängt der Himmel voller Sterne…

Mamas Herzensschatz

Die weiße Hose von Mamas kleinem Schatz wird von hinten an dem blauen Hemd mit dem weißen Kragen befestigt. Ergänzen Sie ebenfalls von hinten die Hinterbeine. Am Kopf die zweiteilige Mütze und das Schnauzenteil anbringen, das Gesicht aufmalen. Dann wird der Kopf von vorne auf dem Kragen fixiert. Beschriften Sie das Herz, und bemalen Sie das Kuscheltier. Vergessen Sie die zwei nicht, wenn Sie die Arme aufkleben. Und ganz zum Schluß bekommt der kleine Mann noch seinen Schnuller!

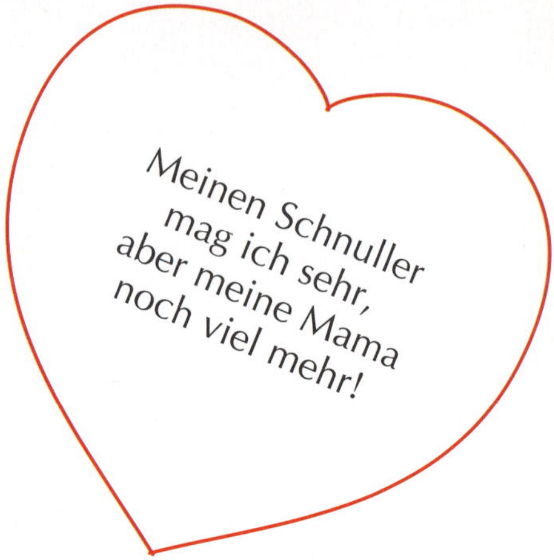

Mamas
Liebling

Herz, Schmerz und dies und das ...

Der kleine Freier wird zuerst mit dem Schnabel ergänzt, dann malen Sie das Auge, das Nasenloch und das Schnabelinnere auf. Drükken Sie ihm das große rote Herz ans Herz, und geben Sie ihm den linken Flügel. Nun fehlen nur noch die Beine und die Plusterumrandung.

Von Herzen

Am Mäusekopf bringen Sie zuerst die Nase, dann das kesse Haarteil und das zweiteilige Ohr an. Malen Sie das Gesicht auf. Nun brauchen Sie Tonkarton in zwei verschiedenen Rottönen: Auf das große Herz werden die „ausgenagten“ Löcher in einem etwas dunkleren Rot aufgeklebt. Befestigen Sie die Maus in der Mitte, die beiden Pfoten ergänzen Sie von vorne. Aus dem Loch darunter ragt das kleine Mäuseschwänzchen, und zum Schluß werden die Konturen mit Pluster-Pen umrandet. Und was wollten Sie von Herzen sagen?

Eine kleine freche Maus schaut aus diesem roten Herz heraus.

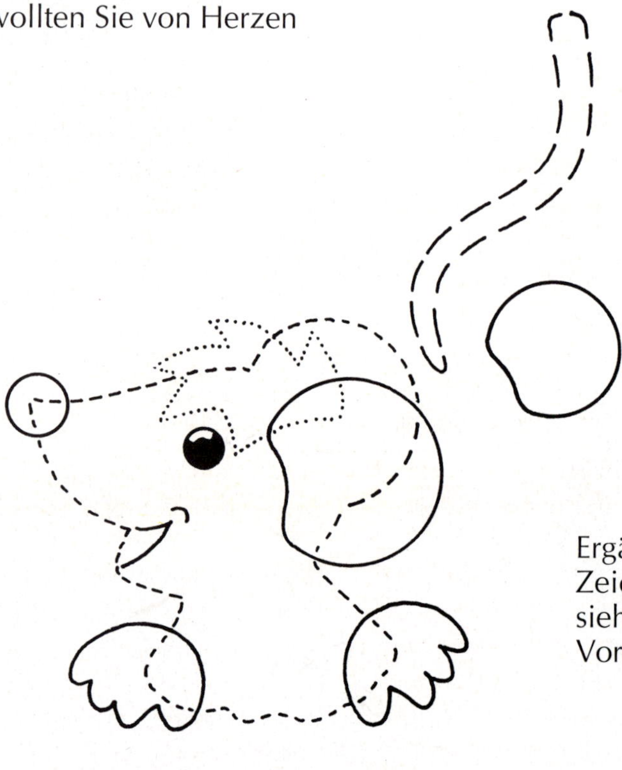

Ergänzende Zeichnungen siehe Vorlagenbogen

I
love you

Herzlichkeit in Weiß-Blau

In der Herzmitte sitzt das blaue Bogenfenster, die roten Fensterläden schließen an. Bringen Sie den Fenstersims an, und verzieren Sie den Herzrand mit Plusterblümchen. Nun ist die Kuh an der Reihe: Zuerst wird der Rumpf (punktierte Linie) aufgeklebt, dann müssen Sie am Kopf den Haarschopf anbringen, von hinten den bemalten Unterkiefer ergänzen. Zum Schluß malen Sie noch das Gesicht auf und befestigen den Kopf am Kuhrumpf.

Humor – gepaart mit Herz – erlaubt so manchen Scherz!

Ergänzende Zeichnungen siehe Vorlagenbogen

Willst Du mein Herz haben?

Beim Hasenmädchen, das hier so großzügig sein Herz verschenkt, kleben Sie am Kopf zuerst das rechte Ohr an und malen das Gesicht auf. Ziehen Sie ihm das bemalte Kleidchen an, das noch zusätzlich mit dem Kragen dekoriert wird. Vergessen Sie den zweiteiligen Ärmel mit dem Herz nicht!

Auch der Hasenjunge bekommt zuerst sein Ohr. Dann wird sein Rumpf mit roten Streifen bemalt, auf den die blaue Hose geklebt wird. Jetzt fehlt noch der Ärmel. Wenn die zwei sich auf die grüne Grasfläche gesetzt haben, werden noch die Gesichtszüge des Hasenjungen ergänzt.
Und irgendwie, ... also ganz geheuer scheint es ihm nicht zu sein, daß er hier ein Herz angeboten bekommt ...

Ergänzende Zeichnungen siehe Vorlagenbogen

Dieses Herzlein
kommt von mir –
krieg ich dafür
eins von Dir?

Weise Herzlichkeit

An den beiden Eulenköpfen werden die gelben Augen mit den aufgemalten Pupillen und die Schnäbel angebracht.
Kleben Sie das hellbraune Brustteil auf. Dann kuscheln sich die Eulen aneinander – fixieren Sie sie dazu von hinten an dem herzförmigen Rahmen. Von vorne noch die Füße und die Sterne ergänzen.

Ich hab ihr Herz gewonnen

Hansi hat's geschafft! Arbeiten Sie zuerst sein Gesicht fertig: Das weiße Schnauzenteil wird ergänzt, die Augen und die Innenlinien der Ohren werden aufgemalt. Von vorne werden der Kopf und die Hose angebracht; dann bekommt Hansi seine feschen Hosenträger, die noch mit den zwei Knöpfen dekoriert werden – Sie können sie aufkleben oder aufmalen. Und welches Herz haben Sie erobert?

Susi
Hansi

Der Himmel hängt voller Herzen

Beide Krokodile bestehen – bis auf die Vorderbeine – aus einem einzigen Stück Tonkarton. Für die Gesichter brauchen Sie einen Tuschefüller oder einen dünnen schwarzen Filzstift. Das kleine hellgrüne Krokodil drückt seinen großen Freund ans Herz, dann bringen Sie das Vorderbein des dunkelgrünen Krokodils an; er hält sein Herz in Händen. Erst zum Schluß darf das kleine Krokodilmädchen seinen Freund umarmen. Ganz nach Lust und Laune können Sie dann noch die Rückenlinien mit Pluster-Pen nachziehen.

Dein ist mein ganzes Herz

Beschriften Sie zuerst das Herz mit einer Botschaft, die Ihnen am Herzen liegt. Dann wird der Kopf des Frosches gearbeitet: Die weißen Augen mit den aufgemalten Pupillen werden aufgeklebt, den freundlichen Mund mitsamt seinen Grübchen und die Nasenlöcher malen Sie auf. Achten Sie beim Aufkleben, daß der Kopf leicht schräg auf dem Körper sitzt; dann fixieren Sie das Herz. Und ganz zum Schluß gibt's von vorne noch die Vorder- und die Hinterfüße.

Dein ist
mein ganzes
Herz

Hab mein Wagen voll geladen, voll mit roten Herzen

Wenn Sie die Schuhe direkt an den blauen Rumpf anlegen, können Sie die beiden Teile mit den hellblauen Hosenaufschlägen verbinden. Von hinten werden dann noch der Schwanz und der Kopf fixiert. Die schwarze Nase wird von vorne angeklebt, anschließend malen Sie das Auge auf.
Bei der Schubkarre bringen Sie von hinten das zweiteilige Rad an und laden den Wagen voll mit roten Herzen! Kleben Sie den Hund und den Schubkarren auf die grüne Bodenfläche – erst jetzt können Sie den zweiteiligen Arm und dann das Ohr befestigen.
Und wer möchte, darf noch ganz nach Belieben plustern!

Wer mit Herzlichkeit
sein ganzes Leben lenkt,
bekommt von andern
schnell ihr Herz
geschenkt.

Laß mich Dein Herz knacken

Der kleine „Herzknacker“ möchte zuerst sein Gesicht. Machen Sie dann in die ausgestreckte rechte Hand einen Schnitt, in den Sie später den Stift stecken. Die Hose und das Hemd werden nacheinander angebracht. Zeichnen Sie mit einem Tuschefüller oder einem feinen schwarzen Filzstift die Hosenbeine und die Hinterfüße ein. Den linken zweiteiligen Ärmel anbringen und das Eichhörnchen samt Herz, Stift und Felsen auf der Grünfläche anbringen. Die Stifte bestehen aus schmalen Kartonstreifen, die vorne bunt und hinten schwarz bemalt werden. Wenn Sie hier mit Pluster-Pen arbeiten, wird Ihr Fensterbild besonders hübsch.

Lieb

Diese Nachricht kommt von Herzen

An erster Stelle ist die herzliche Botschaft wichtig, die Sie auf das Herz schreiben. Dann werden die Katzengesichter aufgemalt und die Halsbänder angeklebt. Setzen Sie die zwei aufs Herz, und kleben Sie die Arme in „Handkuß-Stellung" auf. Vielleicht gibt's auch noch ein paar Pluster-Effekte?

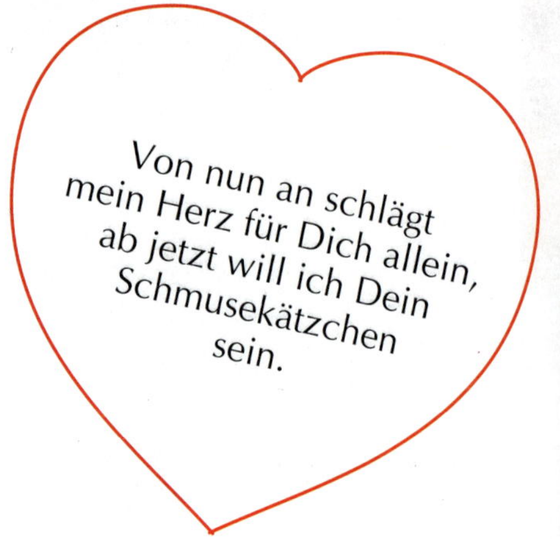

Auf immer
Dein

Große Tiere haben auch
ein Herz,
spüren Freude, Liebe,
Angst und
Schmerz!

Luftikus-Herzen

Der blaue Elefant bekommt sein Ohr und ein aufgemaltes Auge, dann stellt er sich mitsamt dem zweiteiligen Eimer auf das große weiße Herz und bläst seine Luftikus-Herzen in die Welt.